Bruchsal

Bruchsal

Peter Windstoßer · Bernd Doll

Verlag Peter Windstoßer

Urkunde von Kaiser Otto II. ausgefertigt im Jahr 976 im Königshof Bruchsal

Untergrombach

Obergrombach

Helmsheim

Einer Epoche den Namen gegeben

Bruchsal ist überschaubar – politisch meine ich das – und das hat zu einer soliden Entwicklung dieser Stadt beigetragen. In der Bürgerschaft kennt zwar nicht jeder jeden wie auf dem Dorf, aber man hat Nachbarn und Freunde. Und so leben wir Bruchsaler nicht anonym, sondern wir treffen uns außerhalb des Berufs- und Geschäftslebens in unserer Freizeit bei sportlichen, kulturellen, überhaupt gesellschaftlichen Ereignissen. Ein „Reing'schneiter" wird, wenn er es nur will, bald Anschluß gefunden haben. Mit unserer badischen Mentalität bieten wir sichere Gewähr dafür. Landschaftlich empfinden nicht nur wir Bruchsal als ausgesprochen schön, nicht aufregend, aber auch nicht eintönig: abwechslungsreich an Gestalt und Farben der Natur, durch den Übergang von Rheinebene zum Kraichgauer Hügelland. Größe und Lage Bruchsals, Landschaft und Natur dieser Gegend und die Geisteshaltung der Menschen dieses Landstrichs, das alles wollen wir mit diesem Buch vorstellen und behaupten, daß diese Stadt nicht nur lebenswert und sympathisch, sondern ausgesprochen sehenswert ist.

Gleich, wo man steht, in ihrer geographischen Ausdehnung ist die Stadt nicht überschaubar. Zwar läßt sich, wenn man die Andreasstaffel etwas atemlos erklommen hat, recht anschaulich das Prädikat „Pforte zum Kraichgau" erklären, wenn man den Hügeln vorgelagert die Süd- und einen Teil der Nordweststadt breit ausmißt und den Blick über die Obervorstadt schweifen läßt, die sich der Saalbach entlang gegen Osten im Tale verengt.

Dennoch, man kann die Markungsfläche von ca. 9300 h nicht überblicken, denn was wir sehen ist nur die Kernsta mit ihren knapp 24000 Einwohnern. Über 37000 Bruchs ler sind wir aber insgesamt, denn von 1971 bis 1974, eine kommunal historischen Zeitraum, gehören die früher sel ständigen Gemeinden der Nachbarschaft Büchenau, He delsheim, Helmsheim, Obergrombach und Untergrombac zur nunmehr gemeinsamen Stadt.

Mit dieser Gemeindereform in Baden-Württemberg, m der die Bruchsaler eine gemeinsame und gedeihliche Z kunft auf der Basis gegenseitigen Vertrauens anstreben, i endlich auch der heimliche Hausberg der Stadt, der Mich elsberg mit seiner gleichnamigen Kapelle, zu Bruchsal g hörig. Er, den ganze Generationen von wanderlustigen un naturkundlichen Bruchsalern immer wieder gern wege seiner Aussichtsmöglichkeit und der besonderen Flora de Naturschutzgebietes Kaiserberg bestiegen haben, markie ja einen besonders geschichtsträchtigen Flecken einer ku turhistorisch bedeutsamen Epoche, der Michelsberger Ku tur, 3000 Jahre vor Christi Geburt.

So ist unser Ausgangspunkt an der Andreasstaffel geschich lich gesehen nicht der älteste, aber mit einer nachgewies nen Siedlung der Jungsteinzeit einer der frühesten Wohr bereiche, von wo aus schließlich die im 7. Jahrhunde nachgewiesenen Bruchsaler Höfe südlich und nördlich d Saalbach ausgemacht werden konnten. Aber nicht der gr ßere Weißenburger Hof im Süden, sondern der Königsh

---

The town of Bruchsal, situated at an equal distance from the Kraichgau hills and the Rhinevalley, is conveniently located in the middle of the triangle formed by Karlsruhe, Heidelberg and Mannheim. It has a rich historical tradition. Its name is derived from the German words „Bruch" which means swampland and „sal" meaning royal courtyard. The first recorded reference to the town is traced back to a document of Emporer Otto II. in the year 976 A.D. For more than 700 years the fate of Bruchsal has been closely linked with that of the im-

perial seat of Speyer. These were often unhappy but also flourishin centuries. In 1945 Bruchsal was reduced to rubble by a devasting ai raid.

Presentday Bruchsal has a wellbalanced structure. It is wellknown a school und sports centre. Following a successful reconstructio Bruchsal, with its 37000 inhabitants, is today the natural subcent for a large surrounding area.

im Norden mit seinem mittelhochdeutschen Namen „sal" hat der Ansiedlung im „Bruch" (sumpfiges Gelände) ihren Namen gegeben. Als Kaiser Otto II. mit beträchtlichem Gefolge im Jahre 976 in diesem „sal" Hof gehalten hat, wurde jene berühmte Urkunde zugunsten des Benediktinerklosters St. Bavo ausgefertigt, die erstmals den Namen der Stadt mit Bruohsela ausweist. Die Bruchsaler haben dieses Dokument, das im Original in Gent, in Belgien, archiviert ist, im Jahre 1976 hierher geholt, um das tausendjährige Bestehen ihrer Stadt zu feiern.

Die geschriebene Stadtgeschichte verzeichnet allerdings mehr leidvolle als freudige Ereignisse. Licht und Schatten wechselten zu häufig, um der Stadt einen dauerhaften und friedvollen Bestand zu sichern. Unter der Regentschaft der Speyerer Bischöfe – Kaiser Heinrich III. hatte 1056 den fränkischen Königshof Bischof Konrad I. von Speyer geschenkt –, blühte das Gemeinwesen zwar auf, aber insbesondere die Zeit der Bauernunruhen, aus der der „Bundschuh" mit seinem Anführer Joß Fritz bekannt ist, stürzte die Stadt wiederholt in die Schrecken von Krieg, Brand und Seuchen.

Das glanzvolle Jahrhundert Bruchsals sollte mit einem Fürstbischof eingeleitet werden, der als Kardinal Damian Hugo Reichsgraf von Schönborn zu einer Fürstenfamilie zählte, die im damaligen Deutschland eine ganze Anzahl von Regionen und Ländern regierte. Über seinen Streit mit den Reichsherren zu Speyer über den Bau einer neuen Residenz erfahren wir aus einem Brief an seinen Bruder Franz Erwein in Wiesentheid nahe Würzburg, in dem er auf der Suche nach einem geeigneten Standort seines Hofes im Fürstbistum schrieb: „Ich habe nun den ort ausgelesen, wohe meine residentz hinkommen solle, ich habe mein tag kein schönere Situation von allem gesehen, es ist zu Bruchsal, ein statt rechdt schön wieder gebauet".

Wenn in wenigen Jahren die Innenstadt Bruchsals ihre neue Gestalt gefunden hat, daß sich in einer autofreien Zone Fußgänger begegnen und verweilen können, daß sich im gerade entstehenden Bürgerzentrum die Menschen im gesellschaftlichen und kulturellen Bereich treffen können, mag der wohl berühmteste Sohn unserer Stadt erneut recht haben. Dann erst wird auch der schwerste Schicksalsschlag verkraftet sein, den Bruchsal mit einem verheerenden Bombenangriff kurz vor Ende des Zweiten Weltkrieges an einem sonnigen Frühlingstag, am 1. März 1945, erlitten hat. Eine infernalische Feuersbrunst wälzte 80% der Bausubstanz der Stadt nieder und brachte nahezu 1000 Bruchsalern den Tod.

Die Bruchsaler haben die Stadt mit viel Fleiß wieder aufgebaut; deshalb ist es für sie nicht irgendeine Stadt, sondern sie begreifen sie als ihre Stadt, mit der sie sich aufs engste verbunden fühlen und sie Heimat nennen.

Bruchsal est situé à mi-chemin entre Karlsruhe, Heidelberg et Mannheim au pied des douces collines du Kraichgau et de la plaine du Rhin. Ville au riche passé, son nom vient de «cour du roi» (sal) et d'une région marécageuse (bruch). La première mention remonte à un document de l'empereur Otto II en 976. Pendant plus de 700 ans, le destin de Bruchsal fut lié à celui de l'évêché de Spire. Ce furent des siècles douloureux mais aussi prospères. En 1945, la ville fut presque totalement détruite au cours d'un bombardement aérien. A l'heure actuelle, la ville est bien structurée et célèbre pour ses établissements scolaires et sportifs. Après une reconstruction réussie, le grand chef-lieu d'arrondissement Bruchsal avec ses 37000 habitants est aujourd'hui le centre bien enraciné d'une région importante.

St. Petrus auf der Gro-
ßen Brücke mit Blick
auf den Bergfried

Andreasstaffel

dreasstaffel und
ervorstadt

Firstständerhaus in
Untergrombach

Michelsberger Kultur
im Stadtmuseum

Michaelsberg mit
Kapelle

Burg und Schloß
Obergrombach

St.-Peters-Kirche

Historischer Ortskern
von Heidelsheim mit
Stadttor

Saalbach am Kübel-
markt

therkirche

Rathaus mit Schäfer-
brunnen in Helmsheim

Blick vom Schloßhof zur
St.-Martins-Kirche in
Obergrombach

Klosterberg mit
St.-Paulus-Heim

Ferdinand-Keller-
Brunnen im Stadt-
garten

Feldkirchle

Gotische Madonna an
der Stadtkirche
„Unserer lieben Frau"

zenturm in
delsheim

Judenfriedhof auf
dem Eichelberg

„Weißes Kreuz" beim
Krankenhaus

25

Bau des Bürgerzen-   die Firmen-Arbeits-
trums mit Stadtpark –   gemeinschaft Stumpf
Rohbauarbeiten durch   und Stetzler

ierlesbrunnen"
Schönbornplatz

Im Herzen Europas gelegen

Der Erfindungsgeist menschlicher Ideen kennt, wenn es gilt, gesellschaftliches und soziales Miteinander erträglicher und angenehmer zu gestalten, keine Grenzen. Diese Infrastruktur, wie sie die Politmanager unserer Zeit neuhochdeutsch bezeichnen, ist in der Tat die Voraussetzung dafür, daß politisches und wirtschaftliches Leben sich entfalten und wachsen kann und andererseits für die sozialen Belange eine vorsorgende Hilfe und ein gerechter Ausgleich geschaffen ist.

Infrastruktur demonstriert sich vor allem an Verkehrswegen. Und diesbezüglich ist unsere Stadt bestens gelegen. Im Dreieck der Städte Karlsruhe, Heidelberg und Mannheim hat Bruchsal fast eine Mittelpunktlage und ist so der ideale Ausgangspunkt, um sich der Vorzüge dieser größeren Städte zu bedienen. Tatsächlich kreuzen sich in unserer Stadt auch die Straßen und Eisenbahnschienen aus dem pfälzischen in den schwäbischen Raum und den Rheintallinien der Nord-Süd-Verbindungen, wobei die Bundesautobahn Heidelberg–Basel ja unmittelbar am größten Industrie- und Gewerbegebiet vorbeiführt und eine kurze und damit direkte Anbindung zu ihm hat. Der Eisenbahnknotenpunkt Bruchsal sollte seine Bedeutung nicht darin vermindert sehen, daß in wenigen Jahren das Jahrhundertbauwerk der Eisenbahn-Schnellbahnstraße Mannheim–Stuttgart, die unmittelbar an der Stadt vorbeiführt, seiner Bestimmung übergeben werden kann. Wenn auch die Intercity-Züge durch den Bruchsaler Bahnhof hindurchrauschen, so machen doch bedeutsame Fernschnellzüge hier Halt und gestatten eine direkte Verbindung etwa nach Ostende od[er] Wien.

Wichtig ist natürlich auch die Funktion des Bahnhofs f[ür] den Personennahverkehr. Und hier sind es wiederu[m] hauptsächlich die Schüler, die die weiterführenden Schule[n] der Großen Kreisstadt aufsuchen. Mit den Bruchsaler Ki[n]dern und Jugendlichen zusammen sind das jeden Tag me[hr] als 11 000 Schüler, die sich in sprachlichen, mathematisc[hen] naturwissenschaftlichen und technischen Fächern auf ih[re] spätere berufliche Zukunft vorbereiten. Neben dem Lan[d]kreis Karlsruhe, der für das technische, das kaufmännisc[h] und das hauswirtschaftliche Berufsschulwesen verantwo[rt]lich zeichnet, ist die Stadt selbst Schulträger für die allg[e]meinbildenden Schulen. In jedem Stadtteil und in d[en] Wohnbezirken dezentral angeordnet, haben vor allem d[ie] Grundschüler kurze und gefahrlose Wege zu ihren Schu[l]bänken. Die christlichen Kirchengemeinden der Stadt, d[ie] sich sehr stark den sozialen Belangen verschrieben habe[n] besorgen mit Unterstützung der Stadt die Früherziehu[ng] unserer Jüngsten in den in recht beachtlicher Zahl vorha[n]denen Kindergärten.

Damit sind wir bei einem wichtigen Glied in der Kette der I[n]frastruktur, nämlich dem Sozialwesen unserer Stadt. Sch[on] immer waren Einrichtungen zum Schutz vor Krankheit u[nd] zur Pflege im Alter vorhanden, aber das Krankenhaus d[er] Milder-Stiftung war den modernen Zeitansprüchen nic[ht] mehr gewachsen, so daß eine grundlegende Sanierung u[nd] Erweiterung unumgänglich war. Mit allen wichtigen Dis[zi]

The town has a lot of public institutions that take care of the health and happiness of the inhabitants. As far as traffic is concerned, Bruchsal occupies a splendid position because it is crossed by federal highways and the railway and lies close to the federal motorway. There are schools of all kinds here, such as kindergartens, elementary schools and different kinds of grammer-schools at which mathematics, natural sciences, technical science, business training, economics as well as classical and modern languages are taught. For the public health service there is a hospital where all kinds of medical care [are] available. Bruchsal has an old people home which offers elderly pe[o]ple excellent living conditions. Charity organisations take care of [un]well fellow-citizens who need special medical care and nursing [at] home. These ambulant services are a sign of good neighbourly re[la]tions and personal assistance. This friendly and lovable care a[nd] sympathy for the fates of fellow-citizens proves that the people [of] Bruchsal know and like each other.

plinen von der Chirurgie bis zur Gynäkologie ist das Krankenhaus heute ein Schwerpunktkrankenhaus mit 440 Betten, das nach seinem Endausbau den medizinischen Ansprüchen der akuten Hilfe durchaus gerecht wird. Ähnlich verhielt es sich mit dem sogenannten Versorgungsheim in der Huttenstraße, in dem eine zeitgerecht hygienische und den therapeutisch notwendigen Ansprüchen dienende Unterbringung nicht mehr möglich war. So entstand in den siebziger Jahren durch den Verein Evangelische Altenhilfe e.V. ein modernes und leistungsfähiges Altenheim, in dem den älteren Mitbürgern unserer Stadt ein altengerechtes Wohnen und ein menschenwürdiger Lebensabend angeboten werden kann. Die Sorge um die Kranken, hilfsbedürftigen und alten Menschen in unserer Stadt ist freilich über das Krankenhaus und Altenheim hinaus in einem höchst erfreulichen Maß lebendig. Die durch den katholischen Caritasverband unterhaltene Sozialstation, mit der viele kranke Mitbürger zuhause medizinisch und pflegerisch betreut werden, gibt davon ein beredtes Beispiel. Überhaupt ist das begrüßenswerte Angebot ambulanter Hilfen in der Stadt als eine Geste gutnachbarlichen Bürgersinns und persönlicher Hilfestellung zu werten. Diese freundliche und liebevolle Hinwendung und Teilnahme an den Geschicken ihrer Mitmenschen beweisen erneut, daß sich die Bruchsaler kennen und schätzen.

Diese öffentlichen und privaten Einrichtungen könnten nach unserem technisch modernen Verständnis nicht betrieben werden, würde es nicht die Errungenschaft der Energie ge-

ben. Es ist wiederum die Stadt, die es sich zur Aufgabe gemacht hat, die wichtigen Energien wie Strom und Gas an die Abnehmer im Stadtgebiet zu liefern. Mit den Stadtwerken ist ein eigenes Unternehmen auf diesem Sektor tätig, die im übrigen auch das Trink- und Brauchwasser verteilen, das sie glücklicherweise auf der Bruchsaler Gemarkung fördern und nach einer unkomplizierten Aufbereitung ohne Schadstoffe ins Netz geben können. Im Zeichen größeren Umweltbewußtseins wollen die Stadtwerke in ein ganz spezielles Fernwärmegeschäft einsteigen. In einer Tiefe von knapp 2000 m hat man im Bruchsaler Boden heißes Wasser mit 114 °Celsius gefunden. Die Techniker arbeiten allerdings noch an diesem geothermischen Pilotprojekt, dem man nur wünschen kann, daß es schließlich funktionieren möge.

Verkehrswege, Energieträger, Bildungsstätten, öffentliche Einrichtungen jeglicher Art, Kranken- und Alterspflege: Das können Welten voneinander sein. Das eine laut und geräuschvoll, auf Geschäft und Erfolg bedacht, das andere zurückgezogen und in sich gekehrt, schwach und hilfesuchend. Doch all das spiegelt sich in dieser sogenannten Infrastruktur einer Stadt wider, auch in dieser Beziehung hat Bruchsal viele Gesichter.

La ville a beaucoup d'établissements publics pour la Sécurité Sociale. En plus, la ville est bien desservie par l'autoroute et la voie ferrée. Tous les types d'écoles y sont représentés: des écoles maternelles, des écoles primaires, des collèges et des lycées dans lesquels on enseigne les mathématiques, les sciences naturelles, la technique, le commerce, l'économie et les langues anciennes et modernes. Pour la Sécurité Sociale, on dispose d'un hôpital comprenant toutes les sections médicales et chirurgicales. Dans une maison de retraite, les personnes âgées

peuvent passer une vieillesse agréable et suivre des activités adaptées à leur âge. Les associations de bienfaisance entretiennent des services sociaux à l'aide desquels les soins ambulatoires des citoyens sont assurés. Ces aides ambulatoires sont très estimées et entretiennent un bon voisinage et une assistance personnelle envers les habitants malades. Beaucoup d'habitants offrent bénévolement leur aide et montrent ainsi que le sort de leurs voisins ne leur est pas indifférent.

Altenheim der Evan-
gelischen Altenhilfe

Sozialstation im
St.-Josefs-Haus

Moderne Architektur
am Krankenhaus

rchitektur im
gendstil am Schlacht-
of

Schönborngymnasium
mit Belvedere

Kindergarten der
Pfarrei St. Peter

Landesfeuerwehr-
schule

Luftlandedivision der
Bundeswehr

Oberbürgermeister
Dr. Adolf Bieringer

ollenbergtunnel der
chnellbahntrasse

ehrzweckhalle in
chenau

Erdwärmebohrung

Aus dem Windschatten herausgetreten

Der Leser möge mir nachsehen, daß ich dieses Kapitel mit einem persönlichen Erlebnis eröffne. Die Begebenheit kann allerdings verdeutlichen, wie engagiert und unkonventionell das Thema Wirtschaft im strukturgeschüttelten Bruchsal Mitte der 70er Jahre angegangen werden mußte. Die Geschichte spielt auf freiem Feld in der Nähe der Autobahn, wo das neue Industriegebiet der Stadt seine spätere Entwicklung finden sollte.

Aus dem dicht verhangenen, düsteren Novemberhimmel goß es in Strömen, die Szene war trostlos wie die damalige wirtschaftliche Lage und die Arbeitsplätze der Menschen in dieser Stadt. Nur keine Zweifel erwecken, hieß die Devise: Offenbar konnte ich die Handvoll Männer, die teilweise aus Übersee angereist waren, überzeugen, daß das Grundstück, auf dessen hohen Gras wir uns nasse Schuhe holten, der richtige Standort und geeignete Baugrund für einen neuen Produktionsbetrieb ihrer Gesellschaft war. Alles sollte schnell ablaufen; Tage später aber mußte ich „nach Canossa gehen" und bekennen, daß ein Teil des Grundstücks nicht in städtischem Besitz und damit gar nicht verkäuflich war. Ein „Feierabend-Bauer" hatte sich beharrlich geweigert, seine Scholle an die Stadt zu verkaufen, „weil die Wiss' für mei Enkel b'stimmt isch". Diese Begebenheit ärgert mich noch heute, denn fast hätte der erste Fall unserer mit viel Elan gestarteten Industrieansiedlungspolitik mit einer Blamage geendet. Ein in letzter Minute beschafftes Ersatzgelände brachte die Absichten der erwähnten Firma zu einem guten Abschluß.

So und ähnlich verliefen die Bemühungen, die Wirtschaft und Struktur der Stadt im Zuge der Verbesserung der Situation des Arbeitsmarktes im Zeichen des Förderungsprädikats „Landesausbauort Bruchsal" nachhaltig zu verbessern. Die Arbeitnehmer waren vor das Rathaus gezogen und forderten ausgerechnet von Gemeinderat und Verwaltung lautstark Abhilfe gegen die Tendenz, die Stadt ins wirtschaftliche Abseits geraten zu lassen. In einer geradezu „konzertierten Aktion" aller politisch Verantwortlichen wurde eine solche Entwicklung abgewendet und durch die Stärkung der heimischen Betriebe wie aber auch durch die Ansiedlung neuer Branchen die Wirtschaftskraft der Stadt entscheidend und nachhaltig gestärkt. Dabei wurde auf einen vernünftigen Branchenmix Wert gelegt, um bei einer wirtschaftlichen Rezession mit der bisher vorhandenen Monostruktur nicht gleich wieder ins tiefste Tal zu stürzen. Ohne Zweifel hat davon auch der Stadtsäckel profitiert, so daß die Steuerkraftsumme Bruchsals jetzt nicht mehr abgeschlagen am Ende vergleichbarer Städte in Baden-Württemberg rangiert. Die Stadt selbst ist damit wieder investitionsfähig und kann ihren Aufgaben zum Ausbau der Infrastruktur gerecht werden.

Es bleibt trotz allem erstaunlich, daß der Platz Bruchsal trotz der verkehrsgünstigen Lage auch schon in früherer Zeit im Windschatten der Industriezentren Mannheim und Karlsruhe geblieben ist. Allein die tabakverarbeitende Industrie, die berühmten Zigarrenfabriken, faßten hier Fuß, und vor allem viele Frauen fanden dort ihren Arbeitsplatz. Der Nachteil der grenznahen Lage machte sich doch bemerkbar.

After the First World War the town had been in the lee of the industrial centres of Mannheim and of Karlsruhe for a long time. It was only after 1945 that industry could find a home in Bruchsal, but it has developed into a monostructure that caused a lot of difficulties during the years of the recession. It was only toward the end of the seventies that this could be overcome by new settlements with definite aims and by strengthening native establishments. Modern Bruchsal is today a notable centre of employment. About 20000 people work here. The electronic industry is at the forefront, followed by the machine- and vehiclebuilding industries as well as the paper manufacturing industry. In addition, the economic structure of the town is strengthened by a sizable artisan trade. Bruchsal is a recognized shopping centre. Commerce also plays a leading role in the economy of the town. That will decisively improve when within a few years the reorganization of the town will be finished. Agriculture, with its various special crops, is shown at its best.

These are tobacco and wineproduction but it is asparagus which especially important here. Bruchsal has Europe's largest asparagus market.

nd konnte erst nach dem Zweiten Weltkrieg überwunden
erden. Die Elektroindustrie hat jetzt ihren bevorzugten
nd wohl auch Stammplatz gefunden. Gerade diese Er-
eugnisse genießen inzwischen Weltruf. Die Maschinen-
nd Fahrzeugindustrie sowie das holz- und papierverarbei-
nde Gewerbe folgen mit einigem Abstand. Insgesamt mö-
en es wieder knapp 20000 Arbeitsplätze in Bruchsal sein,
obei allerdings der Höchststand vor der Ölkrise 1973 mit
a. 23000 Beschäftigten nicht wieder erreicht werden konn-
.

atürlich sind diese Arbeitnehmer nicht alle im produzieren-
en Gewerbe tätig, etwa die Hälfte hat ihren Arbeitsplatz
n Dienstleistungssektor, wobei Banken, Versicherungen
nd Behörden dominieren. Aber immerhin knapp 1800 Be-
häftigte verzeichnet der Bruchsaler Einzelhandel, der in
napp 300 Handelsgeschäften einen Umsatz von schät-
ungsweise 420 Mio. DM erzielt. Damit liegt diese Branche
otz eines bisher relativ ungünstigen Umfeldes eindeutig
n der Spitze vergleichbarer Städte. In einer Studie der In-
ustrie- und Handelskammer zur Struktur des Bruchsaler
inzelhandels spricht der Verfasser von der Interesseniden-
ät von Kommune und Handel. In der Tat kann ein Mit-
lzentrum seine Aufgaben nur mit einem funktionstüchti-
en Einzelhandelszentrum erfüllen. Und wie wahr ist gera-
e für Bruchsal das Zitat „die Entwicklung der Stadtkerne
nd die Entwicklung des Einzelhandels sind wie siamesi-
he Zwillinge miteinander verbunden". So können sich
ommunalpolitik und Einzelhandel für die Attraktivität

der Stadt nur gegenseitig befruchten. Das wird in Bruchsal
konkret zu erleben sein, wenn mit dem Bau des Bürgerzentrums und den 500 Stellplätzen in der Parkgarage ein erster
und entscheidender Schritt zur Neugestaltung der Innenstadt vollzogen sein wird. Die Fußgängerzone und damit
das oft zitierte urbane Einkaufserlebnis wird dann nicht
mehr lange auf sich warten lassen.

Dieses Kapitel kann freilich nicht abgeschlossen werden,
ohne daß auf die beiden wesentlichen landwirtschaftlichen
Sonderkulturen der Stadt und des Raumes hingewiesen
worden ist. Die hiesigen Winzer bewirtschaften eine Reb-
fläche von 230 ha und erzeugen damit jährlich über 27000
Hektoliter Wein. Unter den Spitzenprädikaten der Badischen Weinstraße wird er als lieblicher, aber auch „trocke-
ner" Tropfen vermarktet. Von der Bedeutung übertroffen
wird der Rebensaft allerdings vom berühmten „weißen
Gold" des Rheintales, vom Bruchsaler Spargel. Die „Spar-
geluhr" der Obst- und Gemüseabsatzgenossenschaft tickt
bei einem guten Erntejahr einen Verkaufswert von 12 Mio.
DM ein, das ist ein Verkaufserlös aus 30000 Zentnern badi-
schem Qualitätsspargel. Damit ist Bruchsal zum größten
Spargelmarkt Europas geworden. Wenn die Königin von
Großbritannien auf ihrem Staatsbesuch in Bonn ein Spar-
gelgericht von höchster kulinarischer Köstlichkeit kredenzt
bekommt, kann es eigentlich nur Bruchsaler Spargel sein.

près la Première Guerre Mondiale, la ville avait été pour longtemps à
mbre des grands centres industriels de Mannheim et de Karlsruhe.
'est seulement après 1945 que l'industrie put s'y implanter, mais,
alheureusement, elle s'était développée en une monostructure qui
osait beaucoup de problèmes pendant les années de récession. Ce
est que vers les années 70 que ces difficultés purent être surmontées
ceci par une implantation de nouvelles industries tout en favorisant
s firmes locales. Aujourd'hui, Bruchsal est une ville offrant beau-
up d'emplois. L'industrie électrique et électronique vient en tête,

suivie directement de l'industrie mécanique et de l'industrie du car-
tonnage. En outre, l'artisanat s'est fortement maintenu soutenant ainsi la structure économique de la ville. Bruchsal est aussi un grand
centre d'achat où le commerce joue un rôle économique important.
La situation s'améliorera définitivement quand, d'ici quelques années, l'aménagement du centre-ville sera terminé. Dans la région,
l'agriculture s'y montre sous son meilleur jour. Ses cultures spéciales
sont le tabac et la vigne, mais vu l'importance de la culture de l'asper-
ge, Bruchsal est devenu le plus grand marché d'asperges de l'Europe.

Industrie- und Land-
wirtschaft – Handel,
Banken und Märkte

Verzinkerei Bruchsal:
Korrosionsschutz
durch Feuerverzinken

gen Reis: Geldver-
ckungssysteme

Zabler: Nudelspeziali-
täten

Mölnlycke: Einweg-
Produktsysteme

aser-Dirks Flug-
ugbau: Endmontage

SEW-Eurodrive: Getriebegehäuse-
Transferstraße zur   Verarbeitung

SEW-Hauptverwaltung

WIMA: Schnee- und
Schmutzbeseitigung

Badische
Erfrischungsgetränke
Bruchsal

uchsaler Farben-
brik: Fertigung eines
otpigmentes

Siemens: Endprüfung
digitaler Vermittlungs-
systeme – EWSD –

Sulzer Weise: Pumpen
für Rauchgas-
Entschwefelung

ettmannsperger &
öchner: Herstellung
n flexiblen Ver-

packungen im Flexo-
und Kupfertiefdruck

John Deere Werke:
Kabinenfertigung für
Traktoren

lolf Ries: Müllpreß-
ntainer und Kehr-
aschinen

Unispan-Forestina-
Humuswerk: Rest-
holz- und Rindenauf-
bereitung

lzindustrie
uchsal: Schnittholz –
sten – Fahrzeugteile

Zeta: Theater-Trikots,
Ballett- und Gymna-
stikanzüge

Tabakschuppen in
Büchenau

Spargelstechen in
Büchenau

Europas größter Spar-
gelmarkt bei der OGA
in Bruchsal

Badischer Wein aus
Bruchsal

„Das loch in der mitten"

Kulturgeschichte wird lebendig durch die überlieferten Werke von Kunst, Literatur und Musik. In jedem Fall aber bestimmen die Bauwerke verschiedener Stilepochen die charakteristische Atmosphäre einer Stadt. Das gilt für Berlin, München und Frankfurt genauso wie für Bruchsal, wenngleich dies wegen der 1945 ausgebombten Stadt nur eingeschränkt behauptet werden kann. So zeugen die gebliebenen und wieder aufgebauten Türme und Kirchen der Stadt vom Stil und Ausdruck der Menschen früherer Jahrhunderte bis zur Gegenwart, was mit dem im Jahre 1358 erbauten Bergfried und dem das Schönborn-Gymnasium erweiternden Oktogon aus dem Jahr 1978 zu belegen ist.

Wenn über Kultur geschrieben wird, ist es nur angemessen, dem Bruchsaler Schloß im Rahmen dieses Kulturkapitels eine eigene und längere Betrachtung zu widmen. Es ist ja keine Renovierung, sondern eine Restaurierung und vor allem eine Rekonstruktion, die gründlich und meisterhaft geglückt ist. Diese beispiellose Leistung von europäischem Rang ist um so erstaunlicher, als nur die Außenmauern des Corps de Logis der Zerstörung entgangen waren. Alle Zier des Barock war am Boden, die Farbenpracht der Freskenmalerei war auf geborstenen Stücken der Kuppel vom Feuer schwarzrußig überzogen. Doch es ist wiedererstanden – wie ein Phönix aus der Asche überstrahlt das Bauwerk seine Vergangenheit, findet zurück zum Tag seiner ersten Vollendung.

Nach den zeitgenössischen Regeln der Baukunst plante „bauwurmb" Damian Hugo von Schönborn von Anfang an ein mit Erdgeschoß, Beletage und Mezzanin versehenes Gebäude. Der eigenmächtige Kardinal, der auf mehr Platz für seine Dienerschaft bedacht war, ließ mit kühnem Entschluß über dem Erdgeschoß ein weiteres Mezzanin einziehen. Die Entscheidung war folgenschwer: Die vorgesehene zweiarmige Rundtreppe wollte nicht mehr in den höher gewordenen Treppenhausraum passen. Der Kardinal bekannte freimütig, „daß nur alleins das loch in der mitten noch offen ist, wo die stiegen hinkommen solle". Der geniale Baumeister Balthasar Neumann brachte dem Fürstbischof den Ausweg, der von bedeutenden Kunsthistorikern als die „Krone aller Treppenhäuser des Barock" charakterisiert wird. Schönborn konnte den Meister auch dazu gewinnen, eine Kirche nach dem Modell von St. Peter zu Rom zu schaffen, die zur Grabeskirche der Fürstbischöfe werden sollte.

Das Bruchsaler Schloß ist schon eine großartige Anlage, die den Besucher vor ihren Hauptgebäuden empfängt. Zum Torwachtgebäude und zu den Amtsgebäuden, die in einer in der Gegend sonst unbekannten Backsteinmalerei gehalten sind, heben sich die Seitenflügel, nämlich Kammerflügel und Schloßkirche, bewußt von dem Äußeren des Ehrenhofes ab. Die Farbgebung ist hier noch dezent, sie steigert sich beim Corps de Logis und fängt den Blick im Wappen Kardinal Schönborns im Giebelfeld des Mittelrisalits. Im Inneren gleitet der Blick über die Neumannsche Treppe, auf der mit jeder weiteren Treppenstufe nach oben, mit jedem Mal mehr der Blick auf eine nie geahnte Raumkomposition freigegeben wird. Schritt für Schritt steigert sie sich bis der Kuppelsaal vollends erreicht ist. Welche Pracht ent

---

**After a masterful reconstruction of the palace of Bruchsal which was almost completely destroyed in 1945, the baroque building was again opened to the public in 1975. Cardinal Damian Hugo of Schönborn built his residence in Bruchsal because Speyer could not support his plans. The various buildings in the grounds of the palace consist of the main part of the palace, the Corps de Logis, the two side wings, the palace church and the chamber wing. The Bruchsal palace is especially famous for its staircase built by Balthasar Neumann. Art historians refer to it as the crown of all baroque staircases. The brilliant display rooms of palace radiate in old splendour and new lustre. The marble hall is considered to be the pearl of the rococco era. In the palace there is the regional museum of Baden with valuable gobelin and the world famous collection of mechanical musical instruments. Theatre, art-union, city library, adult education courses offer further cultural activities.

ltet der Kaiser- oder Marmorsaal! Der Wechsel zwischen Marmor, in Gold getauchten, beschwingten Stukkaturen nd Deckenfresken vermitteln den Eindruck einer unerichten Raumpoesie: die „Perle des Rokoko", um mit dem unsthistoriker Dehio zu sprechen. Johannes Zick, der in ruchsal den Höhepunkt seines künstlerischen Schaffens leben sollte, lädt mit seinem Deckenfresko, dem Motiv es ewig währenden Bestandes des Hochstifts Speyer, zum erweilen ein. Was die festgekettete Fortuna und die sich in en Schwanz beißende Schlange versinnbildlichen, möge r dieses hervorragende Bauwerk der europäischen Architekturgeschichte wie für alle Zeiten gelten: Glück und Beand.

ber den Gartensaal kehrt der Besucher in den Alltag zuück, noch beglückt von der Fülle der märchenhaften Arhitektur. Der Blick schweift ein letztes Mal über das auptbassin des Schloßgartens zurück. Zitternd spiegelt ch im Wasser die Residenz mit dem Campanile der chloßkirche. Eine Welle vertreibt die Spiegelung, als gäbe die zuvor erfahrene Schönheit doch nicht.

hne Zweifel ist das Schloß der kulturhistorische Mittel-nkt der Stadt Bruchsal. Das hat aber auch seinen leben-gen kulturellen Bezug für die Gegenwart. Im Kammer-usiksaal und in den Prunksälen des Corps de Logis fin-en regelmäßig die berühmten Bruchsaler Schloßkonzerte att. Die Chance des glanzvollen äußeren Rahmens nut-nd wurden vor wenigen Jahren die Barocktage kreiert, e uns durch international renommierte Orchester und En-mbles die Lebensfreude der Musik aus der Barockzeit

präsentieren. Aber nicht nur berühmte auswärtige Musiker gastieren hier, es sind auch die einheimischen Künstler, die sich aus der Jugendmusikschule rekrutieren und schließlich einen Platz im Sinfonieorchester der Jugendmusikschule oder im Orchester des Musikvereins finden. Das kulturelle Angebot mit dem Schloß wäre unvollständig genannt, wür-de man das Badische Landesmuseum vergessen, das mit wertvollen Gobelins und Prachtstücken, teils aus dem Schönbornschen Kirchenschatz, eine Dauerausstellung zeigt und seit 1984 eine weltberühmte Sammlung mechani-scher Musikinstrumente ausstellt. Nicht vergessen werden darf in diesem Zusammenhang das ebenfalls im Schloß un-tergebrachte städtische Museum. Schließlich hat der Kunstverein im Damianstor sein Domizil gefunden und überrascht mit regelmäßigen Vernissagen und Ausstellun-gen meist jüngerer Meister der Malerei. Letztlich soll das Theater, das von der Badischen Landesbühne und dem Amateurtheater „Koralle" vertreten wird, nicht ungenannt bleiben.

Diese Kulturangebote, die durch das im Bau befindliche Bürgerzentrum mit seinen vielfältigen Möglichkeiten, zum Beispiel der Stadtbücherei und der Volkshochschule, eine wertvolle Bereicherung erfahren werden, sind unverwech-selbar und geben der Stadt ihren besonderen Charakter. Ob dieser Angebote fällt es den Bewohnern Bruchsals leicht, sich mit ihrer Stadt zu identifizieren.

rès une reconstruction parfaitement réussie du château de Bruchsal, i fut presque totalement détruit en 1945, le bâtiment baroque est de uveau ouvert au public depuis 1975. Le cardinal Damian Hugo n Schönborn construisit sa résidence à Bruchsal, car la ville de Spi-avait refusé de la construire entre ses murs. Le château avec ses mbreux bâtiments annexes se compose dans sa partie principale corps de logis au centre, de l'église et des «Kammerflügel» qui rment les deux ailes. Le château de Bruchsal est renommé particu-rement pour son escalier construit par Balthasar Neumann. Les

spécialistes de l'art le considèrent comme le chef-d'oeuvre de tous les escaliers baroques. Les salons d'apparat dans leur nouvel éclat nous en montrent l'ancien faste. La salle de marbre est estimée comme une «perle du rococo». Le musée régional de Bade, installé récemment dans le château, nous montre ses précieuses tapisseries et sa collec-tion d'instruments de musique mécanique célèbre dans le monde en-tier. Le théâtre, la société des amis de l'art, la bibliothèque municipale et l'Université Populaire offrent d'autres activités culturelles.

Hofkirche

eilichtaufführung
Belvedere

Ensemble der Jugend-
musikschule in histori-
schen Kostümen

Empfang im Marmor-
saal

Konzert im Fürsten-
saal anläßlich der
Barocktage

Wappenkartusche des
Fürstbischofs Damian
Hugo von Schönborn

erdrachen am Corps
Logis

Musikverein in der
von Marchini ausge-

malten Grotte des
Schlosses

ppen des Fürst-
chofs Damian
go von Schönborn

75

Schenkung der Stadt
Bruchsal an das
Bistum Speyer – Die

„Bruchsalia" im Dek-
kenfresko des Kuppel-
saales

„Die Krone aller
Treppenhäuser des
Barock"

ppelsaal und Trep-
nhaus von Balthasar
eumann

Die Bruchsaler
Schloßanlage

Balustrade der
Schloßterrasse

artenseite des
hlosses

Im Schloßgarten,
Figur aus den „Vier   Jahreszeiten": Der
Sommer

renhofseite des
orps de Logis

Schloßkonzert im
Kammermusiksaal

Theateraufführung der
Badischen Landes-
bühne

belins im Badi-
en Landesmuseum

Museum für mechani-
sche Musikinstrumente

Sport, Feste und der „Brusler Dorscht"

Es war wohl nicht nur eine artige Geste, wenn einer jener vom Fernsehen bekannten Sportjournalisten, die immer mal wieder aus Anlaß eines Treffens bekannter Sportgrößen in unsere Stadt kommen, bemerkte, Bruchsal sei schon wegen seiner großzügigen Sportanlagen eine Reise wert. Ob allerdings die Meinung seines lokalen Kollegen, Bruchsal sei geradezu Weltmeister im Sportstättenbau, eine Reverenz an die Weitsichtigkeit der Stadtväter oder aber als eine versteckte Kritik an den in bestimmten Sportarten derzeit national und international wenig erfolgreichen Aktiven gewertet werden muß, soll dahingestellt bleiben.

In der Tat haben jedenfalls die Sportler Bruchsals in fast allen Disziplinen der schönsten Nebensache der Welt ideale Trainingsvoraussetzungen, Bestleistungen zuwege zu bringen. Die Stadt hat zeitgerecht, nachdem sie nach dem Krieg zunächst die Probleme der Grundversorgung und des Schulhausbaus bewältigt hatte, auf einem Gelände von 30 ha ein Sportzentrum par excellence geschaffen. Der Anfang wurde 1960 mit einem für damalige Verhältnisse großzügig angelegten Freibad gemacht, das noch in der Amtszeit des ersten Nachkriegs-Oberbürgermeisters Professor Franz Bläsi seiner Bestimmung übergeben werden konnte. Dem 1967 fertiggestellten Freibad folgte unter Bläsis Nachfolger, Dr. Adolf Bieringer, der Bau einer wettkampfgerechten Sporthalle. Bis zur Fertigstellung des Bürgerzentrums ist diese Halle für sportliche und bedingt auch für kulturelle und gesellschaftliche Veranstaltungen geeignet.

In den 60er und 70er Jahren flossen weitere Mittel in der Sportstättenbau – der Bau und die Sanierung von Sport plätzen stand an –, wobei auch das Sportstadion mit seiner Kunststoffrundbahn entstand. Die Arbeit auf dem sportli chen Sektor fand 1973 ihren Höhepunkt mit dem Bau einer Hallenbades, dem bis damals mit 7,8 Millionen DM teuer sten Bauobjekt der Stadt. Mit einem Umkleide- und Sani tärgebäude schließlich wurde das städtische Sportzentrum komplettiert.

Damit war die Kernstadt sozusagen bedient, nicht jedoch der Sport in der Gesamtstadt. In allen früher selbständigen Gemeinden wurde mit Sportanlagen nicht gegeizt. Erst in jüngster Zeit wurden in den beiden Stadtteilen Büchenau und Untergrombach ballspielgerechte Hallen erstellt. Sie werden von der Bevölkerung sehr gerne angenommen, so daß bei den hohen Kosten gewiß ist, daß diese Investitio nen nicht umsonst gewesen sind.

Für die Sportvereine, die aufgrund ihrer spezifischen Diszipli nen eigene Anlagen unterhalten, wie etwa die Tennisclub mit ihren pflegeintensiven Plätzen oder der Reiterverein i Heidelsheim mit einer Reithalle und einem Parcours, ist ei ausgeklügeltes Sportförderungssystem geschaffen worder damit diese Vereine, die nicht auf stadteigene Einrichtur gen zurückgreifen können, nicht im finanziellen Schatte der Stadt stehen. Sportarten, die es nicht überall gibt, w Bogenschießen, Hockey, Fallschirmspringen, Trampoli

---

Sports and leisure time are of utmost importance in Bruchsal. Sports enthusiasts have every opportunity to enjoy their leisure time at the Bruchsal sports centre which offers soccer fields, a gymnasium, as well as indoor and outdoor swimming pools. But also specific kinds of sport can be pursued in Bruchsal such as riding, hockey, archery, parachuting and gliding. Bruchsal families can find recreation and relaxation in the nearby forests, which offer many splendid opportunities for hikes and strolls.

Culture does not take second place to sport in Bruchsal. There apart from theatre and music, the palace, which is the focal point many interests and activities. The Bruchsal palace concerts are ve famous. Special customs are shown with the „Summer Day proce sion" and the Carnival procession. Those who like social gatherin visit the numerous garden parties and street festivals.

urnen und Fechten, Judo und Karate, bedürfen aufgrund hres Angebots einer besonderen Erwähnung. Das gilt auch ür die Segelfliegerei. Nachdem die Segelflieger wegen der neuen Industrieansiedlung ihren Flugplatz aufgeben muß-en, sind sie besonders glücklich, ihre spezielle Sportart, die wegen unserer enger gewordenen Welt nun nicht mehr iberall ausgeübt werden kann, von einem neuen Start- und Landeplatz aus betreiben zu können.

Fremdenverkehrsexperten sprechen vom Sport- und Freizeit-wert, wenn sie ihre Stadt vorstellen. In Bruchsal muß man nun nicht unbedingt eine besondere Sportart betreiben, wenn man sich diesen Wert zu eigen machen möchte. Es genügt am Feierabend durchaus, einen ausgedehnten Spa-ziergang durch die heimischen Wälder zu unternehmen, um die Schönheit der hiesigen Landschaft und Natur ken-nenzulernen. Dabei bieten sich die abwechslungsreichen Felder, Wiesen und Raine durch den Kraichgau genauso n. Ist es am Wochenende mal besonders heiß, läßt es sich n einem der nahegelegenen Baggerseen der Gegend, ins-esondere am Untergrombacher See, durchaus für einige tunden aushalten.

Wer keine sportlichen Ambitionen hat, hat genügend kultu-elle und gesellschaftliche Angebote. Über das Jahr verteilt ibt es eine Reihe von Großveranstaltungen, die dafür sor-en, daß einem zuhause die Decke nicht auf den Kopf fällt.

Erwähnt seien stellvertretend hierfür der Bruchsaler Fast-nachtsumzug und der nach historischem Vorbild wieder entdeckte Sommertagszug, die beide zigtausende Men-schen in die Innenstadt ziehen und in den Straßen ein bun-tes Bild entfalten. Und wer es ganz zünftig will, der besucht eines der vielen Straßenfeste, wobei das Obergrombacher Burgfest mit seiner Kulisse vor dem Schloß vielfach nach-geahmt, aber nie erreicht wurde.

Die kulturellen Angebote wurden in einem eigenen Kapitel ausführlich beschrieben, so daß mit einem Blick in die Zu-kunft lediglich das im Bau befindliche Bürgerzentrum vor-gestellt werden soll. Diese Einrichtung, deren Herzstück zwei mit einem Foyer verbundene Saalbauten darstellen, wird in den nächsten Jahren der kulturelle und gesellschaft-liche Treffpunkt für die Bruchsaler werden. Endlich wer-den dann die musischen Angebote ihren geeigneten Platz gefunden haben und sich damit Möglichkeiten eröffnen, die die Stadt bisher nicht gekannt, sie aber dann noch le-benswerter und liebenswerter machen.

Bruchsal, les loisirs tiennent une place aussi importante que le sport. es sportifs ont de la chance car la ville possède un grand centre de orts comprenant de différents terrains, des salles de sport ainsi l'une piscine couverte et une autre en plein air. Dans ce centre, il est ême possible d'exercer des sports comme l'équitation, le hockey, le à l'arc et le vol à voile. Les forêts entourant la ville offrent aux ha-tants des possibilités de détente. La culture joue un rôle prépondé-rant. A part le théâtre et la musique, c'est surtout le château baroque qui est au centre de ces intérêts. C'est entre ses murs que sont donnés des concerts très célèbres dans toute la contrée. Des coutumes an-ciennes revivent avec le cortège du «Jour d'Eté» et le cortège du «Carnaval» Ceux qui aiment se rencontrer entre amis prennent part aux fêtes organisées dans les rues et à de nombreuses „garden-par-ties".

Sport und Freizeit –
für jeden etwas

Segelfliegen über dem
Michaelsberg

Judo im Clubzentrum

Trampolinspringen
in der Albert-Schweitzer-
Realschule

Bogenschießen im
Langental

llenbad

Surfen am Baggersee
Untergrombach

„Fasnacht in Brusel"

„Schtrieh! Schtrah!
Schtroh! De Summa-
dag isch do!"

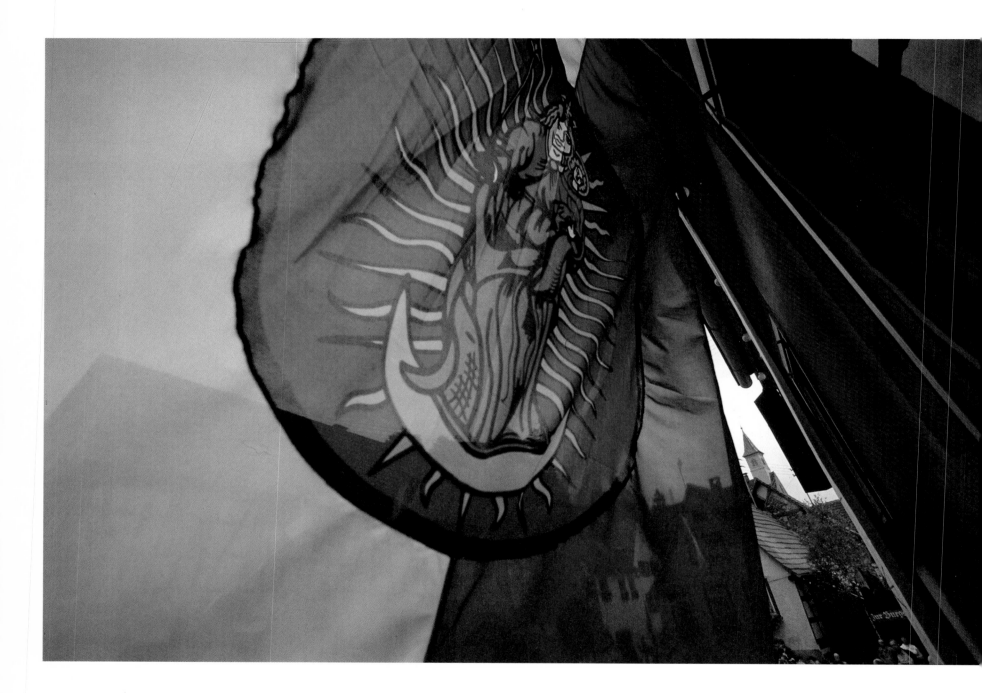

Burgfest in Obergro[r]
bach

Tanz in der „Oase"

einfest in der
chrzweckhalle
tergrombach

Beim Schafsbrunnen
fest in Heidelsheim

„Goldenen Lamm"

im „Metzgerwirt"

„Alten Severin"

© Verlag Peter Windstoßer KG, Dortmund/Stuttgart 1984
Alle Rechte vorbehalten
ISBN 3-923354-00-2
Herausgeber: Stadt Bruchsal
Fotos: Peter Windstoßer, Stuttgart
mit Ausnahme: Seite 48, Seite 76 u. li. und Seite 83 li. von Ludwig Windstoßer
und Seite 104 (die Buchautoren im Weinkeller) von Bettina Zymelka, Stuttgart
Text: Bernd Doll, Bruchsal
Grafik-Design: Ralf Linnemann, Dortmund
Reproduktionen: time litho, Horst Mossack, Leinfelden-Echterdingen
Satz und Druck: Karl Weinbrenner & Söhne, Leinfelden-Echterdingen
Luftaufnahmen freigegeben durch den Regierungspräsidenten Münster,
Freigabe-Nummern von 9823/84 bis 9841/84
Printed in Germany